우리는 점점 모르는 사이가 되어가고

송영희 시집

시인동네 시인선 109 송영희 시집

우리는 점점 모르는 사이가 되어가고

시인동네

시인의 말

멀고 깊어서 차마 부르지 못했던
영영 보내려 했던
그날의 빗줄기들과 침묵들이여.

오래 기다렸으니
이제 꽃 보러 가자.

2019년 5월
송영희

차례

시인의 말

제1부

연인들 · 13
지나가고 있다고 쓴다 · 14
내가 머물고 싶은 · 16
간절해지는 것들 · 18
그 여름 · 20
놓치다 · 22
게르에 들다 · 24
달의 신전 · 26
아직도 한 스푼을 노래하네 · 28
꽃피는 세상 · 29
섬 · 30
혼자 전차를 타고 가네 · 32
낙관(落款) · 34
관계 · 36

제2부

우리 풀이었을까 · 39

꽃 진 뒤에도 나는 · 40

봄비 · 42

분수광장 · 44

거미의 집 · 46

사월의 정거장 · 48

거기, 그 깊은 · 50

꽃의 제단 · 52

응시 · 54

숭배에 대하여 · 56

우리는 이후에 닿았다 · 58

목련, 그날 · 60

우리 살아있다면 · 62

너는 언제 피었니 · 64

제3부

오랜 슬픔에서 벗어난 사람이 좋아지는 저녁처럼 · 67

그만, 저녁 먹자 · 68

미명(未明) · 70

상사별곡 · 72

상사별곡 2 · 74

물 항아리 · 76

오동꽃 · 78

겨울 모차르트 · 79

코스모스 밭에서 · 80

폭염이라는 이름 · 82

포옹 · 84

그 가을 · 86

월이 언니 · 88

부추론 · 90

제4부

강원行 · 93

그곳을 누란(樓蘭)이라고 불렀다 · 94

밤의 해변에서 · 96

달의 신전 2 · 98

생일 · 99

별빛 네일 · 100

혼자 읽는 창밖 · 102

갈꽃 · 104

에어컨처럼 · 106

비의 잔 · 108

비요일의 하루 · 110

그 겨울 · 112

오래된 산책 · 114

해설 기도(企圖)하는 힘과 '이후'의 기도(祈禱) · 115
　　　백인덕(시인)

제1부

연인들

 죽은 느티나무 위로 능소화가 피어난다, 한 몸이 되어도 연연하지 않을 거 같더니 육체를 버린 영혼을 느꼈는가, 처음으로 얼굴을 보인 몇 송이 꽃들이 길 끝에서도 또렷이 보인다, 수줍은 설렘은 감출 수 없는 것, 매일 묵묵부답의 연서를 보내던 시절, 그 골목길은 지금까지도 깊이 각인되어 저렇게 물길을 잡고 길을 낸다, 살아있는 꽃의 감정, 누가 그곳 멀다고 하였는가, 황홀하게 빈 몸을 만지며 소식이 없는 아득한 땅, 그러나 그곳으로도 가는 길은 있다고, 허공 낮은 곳에서부터 높이, 하염으로 적막한,

 뜨겁게 입 맞추며 능소화 피어난다.

지나가고 있다고 쓴다

지금 비가 내리고 있다는
새벽부터 밤중까지 종일 비가 내리고 있다는
그 아픈 말쯤
이젠 너의 뒷모습도 어깨도 너무 멀리 보여서
그만 너를 잃어버린 거 같다는
그 먹먹한 말쯤
아직도 꿈속에서 네가 내 몸속에서 잠이 들었다는
어제도 내 몸을 지나갔다는
그 슬픈 말쯤
이제는 버스를 기다리며 달려오는 불빛에
쓸 수 있다
이별 후에 오는 것들이 이제는 쯤 쯤 쯤으로
녹아지는 때
겨울 저녁 집으로 돌아오는 길이
우산 속처럼 따뜻하다
누군가 켜놓은 불빛 때문에
인가의 불빛 때문에 나는 문을 열고 신발을 벗고
식탁에 앉을 수 있는 거

언제 나 그렇게 단단해졌나
혼자 밥을 먹고 혼자 길을 건너고
혼자 잠에 드는 일
그동안 쓰러질 그 한 곳을 찾지 못해
헤매던 세상을
이제는 버스를 기다리며
달려오는 불빛에 쓴다
목에 두른 털목도리를 여미며 쓴다

오늘이
지나가고 있다고
거짓말처럼 지나가고 있다고

내가 머물고 싶은

버스는 끝없이 긴 포도밭을 지나고 있었다
포도 삼모작을 한다는 이 나라에서는
시월에도 싱싱한 포도 잎들이
바다를 향해 줄줄이 넝쿨을 뻗고 있었다

우리의 사라진 사랑도 삼모작이었다면
복원될 수 있었을까
한 해에 세 번씩이나
푸르디푸른 입술로 돋아날 수 있었을까

내가 처음 부른 네 이름 네 눈썹 네 머리카락
반짝이며 지금까지 남아 있을 수 있었을까

어디에 떨구어놓았는지
지중해 연안을 향해 달리면서
젊음이 발효되지 못해 미숙해진
그해 일모작 포도 알들을 떠올려본다

>

멀리서 이별이 번개처럼 달려와도
저편 세상인 듯 아물아물 어제가 잊혀가도

마지막 내가 머물고 싶은, 지상에 딱 한 곳
토스카 폴리아 붉은 마을

아프지 않고 늙어갈 수 있겠다

간절해지는 것들

빗소리를 듣는다
툇마루가 조잘조잘 시끄럽다
마주 보이는 들깨 이파리들이
아래로 옆으로 마구 흔들린다

어쩌지 어쩌지
괜찮아 괜찮아
맘 놓고 호박잎에 빗줄기 달려든다
수줍게 한순간이 지나간다

해질녘 논둑길을 걷는다
한낮을 달구었던
햇볕들이 조금씩 풀섶에 머물고 있다
한자리에서 부풀은 논의 몸들이 눈을 감고
바람이 오기를 기다리고 있다
하늘 끝으로 어둠이 들자
마을 서늘한 그림자들이 개망초 흰 입술에 슬며시 닿는다

고요해지기 위하여
내 이웃들의 하루하루가 눈물겹다

내 밥술에 얹히는 그 먼 길
별이 뜬다

그 여름

캄캄한 어둠,
아니 환한 대낮이었을까
백짓장같이 하얘진 그를 안고 얼떨결에 병실로 들어오자
창문도 없는 문이 어디선가 철거덕 닫히고
우리는 갇혔다

이제 우리는 무엇을 할 수 있을까
그는 계속 고열에 시달리다 오한에 떨다가
여기가 어디야? 묻기도 했다
내 손이 오로지 할 수 있는 일은 찬 수건으로
그의 등을 자주 닦아주는 일
그때, 창문에서 늘 바라보던 초원이
어린 새끼들이 뛰놀던 따스한 연두들이
바로 이 언덕이었음을
이 굽은 등허리였음을
그러나 이제
그의 슬픈 몸은 내 손의 감정을 거쳐 점점 더 뜨거워져 갔다

CT만이 재료가 되는
밤이면 수없는 불빛이 반짝이는 도시의 한 병원
어두운 벽 속에서
우리는 서로 묻고 있었다

이 안에 누군가 있어, 그렇지?

놓치다

김장배추 모종을, 일주일이나 넘기고 심었다
핑계가 왜 없으랴
아픈 이의 병간호 때문이라고
그때 위중한 시기였다고
뒤늦은 까닭을 땅에게 하늘에게 고하며
백여 포기를 꼼꼼히 비닐 구멍마다 물 듬뿍 주며 심었다

배추가 실하게 자라긴 잘 자랐다
겉으로 보기에는 그랬다
무농약으로 적당히 벌레도 먹고
배추흰나비도 날아오고
이파리 색깔도 보기 좋게 푸르렀다

허나 옹이가 생기지를 않는 것
시간이 지나도 그 결구가 만들어지지 않는 것
속이 안 차는 빈방이었다
두둥실 떠오르는 달이 만월이 되어야
우주의 기운이 성하듯

아 그 절정의 에로틱한 꽃잎들이 기다려도
기다려도 생기지 않는 거였다

후회스럽고 애가 타도
때를 놓친
그 한 끝 때문에, 천기 때문에
우주를 감싸고 있는
분홍빛 그 신방의 불이 켜지지 않는 것

가까운 이들이 물었다
그이는 어떠니 아직도 병중이니?

게르에 들다

내 한 몸이 게르였지
말씀 한 줄이 그리워서
그 앞에 무릎 꿇고 싶어서
새벽마다 희고 어두운 돌산을 올라갔었지

앞선 발자국은 누구일까
목동일까 마부일까 마두금 켜는 악사일까

그 발자국을 다시 만난 것은 안개 속 홉스굴
그러나 휘장을 젖히면 호수 어디에도 없었지

가끔 어느 천막에선가
흐느끼는 흐미의 음조 소리가
하나뿐인 창문에서 흘러나오기도 했다지

한여름 초원은 느닷없는 안개이고 이슬이고 빗물이어서
나는 늘 손수건을 들고 다녔지
가까이 말들의 거친 숨소리가 흘러나오고

때로 염소 울음소리도 배어 나온 골짜기였지만

지금은 허브 향 짙은 야생화들의 계절
소원을 빌고 이제 나는 떠나야 하리
젖은 빨래도 걷고, 무응답의
화덕 피운 재만 오롯이 남긴 채

밤마다 서성이던 발자국은 누구였을까
순록일까 야크일까 낙타일까

달의 신전

누가 불렀나

허상의 발자국이 박힌 저편,
이승은 그런 곳
흔들리지 않고는 지탱할 수 없는 곳
끝내 한 문장, 한 거품으로 몸값을 만들어버리는 생

빛의 뼛속 어디에 고여 있다 흘러 나왔는지
푸른색 길을 지우며 흘러가는 달의 행적
문득문득 따라가고 싶었지

오늘도 맨발의 사람들 모여들어
여긴 떼오띠우아깐*이야

그 옛날, 오롯이
자신들의 심장으로만 만든 재의 신전
그때 사람들처럼 돌계단을 오르며
오늘밤 나는 나를 얼마나 씻을 수 있을까

그러나 지금 저 잠들지 못하는 별들 좀 봐
저렇게 아픈데, 저렇게 울고 있는데
그래서 모두 스며들고 싶었던 거야, 이렇게
달의 품에서

눈물 주르륵 흘리며

---

*떼오띠우아깐: 멕시코시티의 고대 도시 이름.

아직도 한 스푼을 노래하네

에스프레소 쓰디쓴 맛을 녹이는 것은
설탕 한 스푼이라는데
0.5g의 질료로 과연
생(生)과 화해할 수 있을까

여전히 나는 몸이 아팠고
밤이면 이불 속에서
자꾸 누군가를 불러야 했는데

혀 밑으로 감긴 쓴맛 신맛 그대로
산 위 꼭대기까지 올라왔지만
마음에서 멀리 떠나기 위해 날아왔지만
내내 에스프레소 도피오를 마셨지만

한 생애에서 건져 올리지 못한
한 스푼의 마음
걷히지 않는 한 어둠이 또 그렇게 산 위에서
쓸쓸했지

꽃피는 세상

사월의 한가운데로 번지는, 이제 막 만개한 꽃잎들을 무어라 부를까
그늘은 한없이 고요하고 순결하여
부활절 아침을 만난 듯
오랜만에 동네 아파트 꽃길을 돌며
병중에 있는 몇 분들을 생각한다

"눈 뜨면 먼저 꽃이 보고 싶어, 저 꽃 내년에도 볼 수 있을까?"
그래서 요샌 종일 창가에만 앉아 있다는 그 간절한 마음을
한 분 한 분 이름들을 부르며 꽃나무들에게 전해준다

이제 며칠 후면 저 꽃잎들이 지리라
이렇게 꽃피는 또 다른 세상이 있다면 얼마나 좋을까

섬

섬 전체가 한 사람의 마음이었습니다

우리가 살아온 것은
모두 지구에서 잠시 빌려온 것뿐인데
알면서도 모르는 일로 여겼는데
어쩌자고 당신의 유배지가
애초부터 여기였었는지

길섶마다 수선화 가득 피어 있는
외딴 해변에서
바다를 보니
비로소 물방울의 공간이 보였습니다

혼자 섬을 돌다가
비를 맞다가

당신이라고 부르고 싶은
둥글고 하얀 방 안으로 들어왔습니다

쿵쿵쿵 울리는 심장 소리

물 한 방울로 태어나
냇물로 스며들어
이윽고 물길이 되고 강물이 되어
바다에 이르는 이곳

지극이라는 방이 이렇게 따뜻할 줄은
아늑한 공간일 줄은
밖이 환히 보이는 창 하나 있을 줄은

참 오래오래 사람이었던 당신

혼자 전차를 타고 가네

노란 전차였네
손잡이를 잡고 물끄러미 밖을 내다보는
그 옆으로는 아무도 없었네
나는 그런 당신을 배웅하고 있었네
높은 절벽에서 내려와
편안히 숨을 고르듯
천천히 종을 울리며 떠나가는 전차

지상에서 숨을 멈추고 본향으로 돌아가는
그 이별의 간극은 사흘뿐이라지

한 생의 두루마리가 펼쳐지며
당신이 타고 온 것은 타임머신의 전차
두루두루 세월 속을, 거리 속을
왜 전차였을까
우주는 하늘과 수없는 끈으로 연결되어 있다는데
그래서 그 전파의 파동으로 움직이는
사물들 나무들 별들이었나연

어쩌면

우리가 돌아가야 할 행성의 전자파는 저 속도였을까

그 사흘 사이

당신은 마지막 꿈속 길로 찾아오고

지상의 단풍나무는 다시 붉고 붉은 손을 흔들고

낙관(落款)

붉은 덩굴장미들이 만개한 창문 앞
향기를 맡으려 하자
갑자기 화살처럼 날아와 덮친
꿀벌 한 마리

기습이었네
콧등도 아니고 이마도 아니고
하필 아랫입술

열여덟, 날카로운 첫 키스처럼
그의 본능은 붉고 강렬해
스르륵 온몸으로 퍼지는 독

입술은 부풀어 오르고
밤새 고열로 신음하며 열병을 앓던

밖은 햇살 쨍쨍한데
캄캄한 방 안에서

왠지 슬프기만 했던 늦봄, 그해

노을 속으로 기차가 지나갔던가
뭐가 그리 어둠이었나
살별이었나, 지문이었나
아직도

관계

우리 집엔 호미가 많답니다. 흙 고를 때 밭두렁 다독일 때, 두루두루 호미만 가지고도 봄부터 가을까지 얼마나 재미나게 사는지요. 요즘은 종류가 많아져 더 즐거워요. 장날 나가보면 작고 앙증맞은 새 호미들이 즐비한데, 벽채호미는 물론, 어린 풀만 쏙쏙 뽑히는 뾰족호미도 나와 있어요. 농사꾼의 고충을 잘 아는 농기구 기술자 눈썰미에 매번 이것저것 고르게 되지요. 해마다 첫 호미 쓸 때는, 이른 봄 냉이 캘 때인데, 밭 덤불 아래 숨어 있는 햇살을 헤치며 얼음 끝에 매달린 겨울 냉이를 찾다 보면, 그 설렘으로 심장이 콩닥콩닥, 이 마음은 호미도 똑같겠지요. 날 저물어 흙 묻은 호미를 씻을 땐 또 얼마나 애틋한지요, 당신과 처음 손잡은 그날처럼, 그땐 왜 그리 손에 땀이 나던지, 호미자루에 스민 서로의 온도를 감지하며 노을빛에 섞인 숲을 바라보면 그 일이 바로 어제 같은 순간이기도 하지요.

훗날, 멀리 여행을 떠나는 시간이 찾아온다면, 나 이 호미 하나만은 꼭 가지고 갈래요, 천국의 땅에서도 냉이는 꼭 캐야 하니까.

제2부

우리 풀이었을까

 네가 떠난 아침은 바람만 불었지 마을은 텅 비고 길 끝은 적막했지 배웅하고 돌아오며 누가 가꾸고 있었는지 아슬아슬 덩굴 풀들만 남아 있는 꽃밭을 만났지 온몸이 휘어지도록 바람 따라 꽃들이 흐느끼는데 그동안 우리 그리 안간힘이었을까 만지면 이상한 냄새가 나는 풀, 그래서 손끝에 닿자마자 이별을 생각하는 꽃 같았지, 열어 보면 쟁쟁쟁 종소리라도 날 것 같은, 그 마디마디엔 노랑의 냄새가 숨어 있었지 창가에 길게 늘어뜨린 꽃길을 따라 그동안 스치듯 스며들었던 두 마음 사이를 걸었지 그렇구나, 이젠 정말 모르는 사이가 되어가는구나 마음이 몸에서 떠나가는, 너무 먼 곳…… 그동안 풀잎들은 얼마나 오래 흘러가는 구름들을 바라보았을까

 여름 내 저 뭉게구름들은 내 안에 있었건만, 그 몸을 살다 간 황홀한 낱말들, 다정한 동사들, 밤이면 달빛으로 축축해지던, 그 시절 초원에서 우린 정말 풀이었을까

꽃 진 뒤에도 나는

꽃 진 뒤에도 나는, 알지 못했네
그게 빨강인 줄을
막다름인 줄을,
마음인 줄을 몰랐네

나는 고달픈 내 무릎만을 사랑했네
새벽의 내 기도만을 사랑했네

나무들이여
찰랑찰랑 푸른 잎을 달고 있는 나무들이여
그 잎 다 떨군 나무들이여

한 잎의 눈뜸을
한 잎의 뒤척임을
한 잎의 시들음을
한 잎의 하늘을 다 품었던 나무들이여

나는 끝없이 미래만을 사랑했네

시를 쓰면서도 나는
사랑의 마음을 모르고 있었네

단 한 줄의 마음이 어떻게 내게 왔는지
어디서 오래 머물다 어떻게 모래가 되어 흘러갔는지

오직 나는 내 가여운 손만을 사랑하고 있었네
손을 따라 움직이는 내 마음만을 사랑하고 있었네

당신의 두 손만 간절히 그리워하고 있었네

아직 당신을 사랑하지 못하네
하얗게 슬프네

봄비

구름의 거품은 얼마나 겹겹인지
얼마나 가벼운지

어쩌다 하늘 능선에서만 사는
희망의 입술은
아직도 저리 격렬한지

바로 이렇게 뜨겁게 닿을 수 있다는
그 몽상의 시간마저 없었다면

당신과 나
어찌 새가 되어
저 버들잎 연두에 날아갈 수 있었을까요

뭐, 뭐, 뭐,
그럴 수 있지요
내 마음인데

\>

밤새 날아갈 수 있다는 거
그거……

분수광장

우린 그날 새가 되어 날아올랐지
물의 알몸 같은, 내 시린 몸에 날개가 있다니
비상하던 순간 새들은 눈앞에서 사라졌지만

그날의 햇살 그날의 물보라를 기억하며
이후 오랫동안 저녁이 오면
우린 광장을 찾아 다시 나왔었지

레몬색 구름을 바라보며
때로 손을 잡았던가

너무 정교한 변하지 않는, 그래서 이젠 하얘진 기도처럼
설명하기 어렵지만 저 건물 저 나무들
그 풍경 뒤에 두고 우린 반복적으로 살아왔던 거

그래서 슬픔은 자꾸 몸 밖으로 피어나고
운명의 시간들은 혀를 부드럽게 감추고 있다는 거

어쩌다 잠시 궁전이 되기도 하는
우리 키보다 더 높이 치솟는 형형색색의 순간을
공허를
입술로 비벼보기도 하며

대낮에도 별들이 나타났다 화르르 머무는
그때 우리가 초대받았던 눈부신, 거기
레몬의 깃발이 펄럭이던

추락하는 것들은 모두 날개가 있었기 때문이었지

거미의 집

창문도 닫히고
현관문도 닫혔습니다
언젠가는 다시 열릴 거라 믿고 있지만
앞날은 아무도 알 수 없는 거라고

무한허공
한 줄기 외가닥 먹줄을 던지고
기다림의 건축이 시작됩니다

내 사랑은 꼭 집 한 채 지을 만큼의 함량인데

바람 끝을 잡고 형이상학 감각으로
손발도 연장도 없이
오로지 몸 안의 진액만으로
그물을 짜는 시간

그 열흘, 보름을
울타리는 왜 흰 쏯으로만 물들어가고

달빛은 저리 붉은 향기로만 번지는가

당신이 돌아와 맨 처음 닿을
후박나무에서 단풍나무 잎새까지의
그 먼 길

건축은 나의 피부이고 뼈였다고
엎드리어 고요히 숨 쉬고 있는 그 집

사월의 정거장

후드득
갑자기 빗방울이 유리창에 매달린다
버스는 계속 앞으로 달리고
파릇파릇 내게로 와서 멈추는
현존의 물방울들

문득 네게로 가는 빗방울 보인다
그렇지
지금 어디선가 네게서 내게로 오는 빗방울도 있겠네
또르르 달려오는 물방울
받아서 다시 네게로 보낸다
방울방울 사라지는 둥근 모형의 문자들
물방울 기호들이 지루하지 않다

이윽고 아른아른 흔들리는 구도 속
실루엣으로 네가 보인다
우산을 펼치고 너와 내가 나란히 걷고 있다
오랜만에 우산끼리 부딪치며

빗방울 체온들 은밀하게 뒤섞인다

오늘은 하늘이 어디까지 온 매듭들을
풀어놓을 것인가
천지간 어디든 빗물로 이어지고 사라지는
비 오는 날의 모노로그

버스는 강남역에 멎는다
분홍빛 꽃물이 배인
머무를 수 없는 사월의 정거장
결코 오지 않을 네가 서 있다

거기, 그 깊은

숲속 오래된 집을 찾아 갔었네
마당은 어두웠고 집은 비어 있었네
나무들이 많이 자라서
그러나 그 어깨들은 수척하여
몸에서는 외로운 냄새가 깊었네

창포 피던 연못은 갈댓잎으로 뒤덮여지고
물속 어둠 아래엔 무엇이 숨어 있었나
수면 위로 언뜻 스치는 그림자
오래된 것들은 햇살도 눅눅하여
바위들은 습습한 남자의 동굴 같았네

주인 없는 동안
이 숲엔 누가 와서 살았을까
어느 영혼이 와서 깃들었을까
낮엔 도무지 보이지 않는 것들
치악 아래 신들이 산다는
신림(神林)의 숨겨진 골짜기가 아니더라도

해당화 몇 송이 핀 여긴
어느새 시간이 길게 멈춘 곳

바람이 한 번도 펼치지 않은
캄캄한 시집(詩集) 속
누가 혼자 들어가고 있나

꽃의 제단

약제로 가꾸는 작약 꽃밭을 돌며
흥건히 떨어진 붉은 꽃잎들을 본다

한 뿌리, 뿌리들을 위해
해마다 수백 송이 꽃을 바치는
절명의 순간
그 운명의 날이 오늘이었구나

한 떨기 수줍음만으로 피어나
만개도 되기 전 이렇게 골마다
목숨 바쳐지는 플로라* 신전

세상은 오직 눈부신 오월인데
죽음으로 완성되는 길
진홍 분홍 하양의 불길이 하늘로 올라가고 있다

애절하지 않은 목숨 어딘들 없을까
아직 가시지 않은 저 꽃무덤의 혼불들

숨죽인 바람이
묵언의 기도로 마지막 꽃숨을 품어 나르고

이제 곧 멀리서 날아올 벌 나비들도
한바탕 눈물 쏟고 가리라

＊플로라: 고대 로마신화에 등장하는 꽃의 여신.

응시

마당에 초록색 의자가 놓여 있다
비가 내린다
누구를 기다리는 한쪽은 늘 어둡다

한여름에 눈 내리듯
쉬땅나무 위에 하얗게 꽃피는 감정들
쏟아지는 향기로움들 속속들이 젖는다

세상이 점점 흐려지네
우리 앞으로 더 선명해질 수 없는 것일까
제발 슬퍼하지 마
나도 몹시 불안해…… 습성이지만

뒤쫓으며 밤새 끝내지 못한 문장 속을
헤매는 빗소리

이렇게 보였다 사라졌다 깜빡이는 사이
그렇다고 내 슬픔을 아무 데나 내려놓을 순 없다고

초록의 영혼들을 기다린다
천천히 천천히 잠에 들듯이
이젠 떨어져 내 영혼이 내 안에 돌아오기를

하염없이
채송화 꽃잎이 녹는다

숭배에 대하여

지난여름부터 지붕이 새고 있다
자잘한 천장의 꽃무늬들이
검정 얼룩으로 번지고
높은 곳에서 지탱하던 견고한 사고들
그사이 실없다 실없다 하며
집이 물웅덩이를 만든 모양

언제부터일까
하늘로 향하던 내 골방의 시간들도
다짐하며 안간힘 쓰던 손발도
몸으로 화답하던 공명의 시간들도
한 박자씩 빗물이 고이는 거

사유하는 저 높은 구름에서부터
같이 걸었던 걸음걸이 보폭까지
그 아름답던 변주를 생각하면
지금도 천장을 뚫고 지붕 위로 날아가고 싶어

그런데 깃들며 사는
몸이라는 거, 집이라는 거
봄이 알고 여름이 알고, 빤한데

그동안 몰래, 누구를 숭배했지?

우리는 이후에 닿았다

장마가 오기 전
푸르고 붉은 상춧잎들이
중심에
뼈대를 세우고 숨차게 올라갔다

오래 산다는 것은 처음을 간직하는 일
주렁주렁 초록 잎들이 땡볕에 매달려 탈색이 되고
어쩌다 윤기가 없어진다는 말
누구의 시선 밖에서 멀어진다는 말, 그 사이
아닐 거야 아닐 거야
진물 나도록 그 자리에서 목마름으로 타오르다
마음 들여다보는 일

씨앗의 심장 안에 작은 잎사귀들을 키우며
우리 얼마나 희망적이었나
슬픔은 아무리 기다려도 기다림이 사라지지 않는다는 것
습관처럼 오래오래 전생을 향해 서 있다는 것
아예 소금 기둥으로 남아 있다는 것

>

무더위는 기승을 부리고
양달이 점점 응달로 기울어질 때

목련, 그날

한 떼의 양털구름이 공중에 떠 있다
푸른 거울 속으로 그가 지나간다

가만 있어봐
난 너를 늘 상상했지, 너의 매끄러운 몸도
한 잎 잎사귀로 숨어 바라볼 때마다
우리가 한 몸이 되기를 얼마나 사무치게 원했는지

네가 타고 오는 하얀 구름은 이제
모두 결합이 되어 추상이 되는, 그래서
은하수 강물이 되어 흘러갈 거야
어쩜 누구도 찾지 못하는 별자리가 그려질지도

삶은 그렇게 한 공간에서 우연히
꿈속처럼 만나
내일도 봄날이라고 생각하며 걸어가지

땅 위의 길들은 언제나 예측을 못해

어디로 가는지

그래도 세상은 아주 공평해, 상상이 현실이 되니까

놓지도 던지지도 못하는 사랑처럼

우리 인연은 정말 상징이었을까

우연은 상징을 낳고

상징은 절망의 또 다른 날개를 달고

그러다 신화처럼 천상의 계단을 내려오는 너

아 다시, 블라맹크* 그림 속처럼 겨울이 오네

펄펄 눈이 내리고 있네

여긴 봄인데, 뒤집어도 봄인데

---

*모리스 드 블라맹크: 프랑스 화가, 야수파, 현대 모던 아트의 거장이라고 부름.

우리 살아있다면

새들이 숲으로 날아가는 시간
달맞이꽃들이 입술을 여는 시간
거미가 그물을 치는 시간

그런 애틋한 시간을 나는 결코 알지 못하였지
그래서 나는 벌레보다 못한 사람

아, 잔별들이 하나 둘
요정들이 걸어 나오는 밤이 오네

이젠 사람이 없는 곳에서
있어도 냄새가 도저히 나지 않는 곳에서
저 어둠을 읽고 싶어, 쓰고 싶어

며칠씩 천막 치고 머무는 평원에서
화덕을 피우며
말들의 저녁을 걱정하며 호수의 물고기 떼를
그리워하며

그렇게 사는 곳에서 마지막을 지내고 싶다고 하면
얼른 고개를 끄덕여 주는
별 하나 있다면

책이 필요 없는, 그래도 죽은 별들 옆에서
밤이면 마두금 켜는 여자가 되어

몇 달 며칠을
솔솔솔 염소 젖 냄새를 풍기며
졸졸졸 죽어라 손을 놓지 않으며

우리 살아있다면

너는 언제 피었니

나 없는 사이 해당화 피고 지네 물소리만 들리는 뒤꼍은 늘 이리 적막해 아마 그늘과 어둠이 뒤섞여 살고 있는지, 샘물 옆으론 벌써 흥건히 떨어진 꽃잎들 분분한데, 해마다 물었지 너는 언제 피었냐고, 마당 끝 찔레와 잘 어울려 봄날 내내 환하기도 했지만 이제 모두 지네 정말 미안해 미안해, 해당화 피기 전에 꼭 올게 약속했었지만 그런 봄날 빈 오두막은 또 얼마나 외로웠을까 이제나 저제나 기다리기만 하던 내 엄마처럼, 오늘은 종일 지는 해당화 옆에서 속절없이 엄마만 그리워지네 내 세월도 잠깐 어느 사이 늦봄이 가고, 잊을 수 없는 날들이 꽃 속에 숨어 마르고 있는데 무슨 말을 더 적을 수 있으리, 엄마 가던 나이 점점 내게도 오고, 흐르는 것이 어찌 시절만 있을까, 꽃철을 허무라고 말하지 말고 그냥 비애라고 해버릴밖에 인연이 닿지 못하는 애달픔, 그러나 이 또한 특별한 화답이었음을,

너는 언제 피었니?

제3부

오랜 슬픔에서 벗어난 사람이 좋아지는 저녁처럼

밤새 비가 내린다
오랜 겨울 가뭄 뒤, 잠 속으로 찾아오는 빗소리
창문부터 젖는다

빗소리는 언제나 좋아
비도 내가 잠 못 이루는 거 아는가
그 걸음에 오래된 이름들을 빗대어 본다

오랜 슬픔에서 벗어난 사람이 좋아지는 저녁처럼
쓸쓸한 숨소리 잎들이 좋아서

지구는 지금 무엇에 열중할까
이 밤의 빗방울은 나의 비요일을 기억하리라

그만, 저녁 먹자

텃밭에서 낫질해 온
들깨 마른 가지들을 털다가
도리깨질을 하다가
깨알 떨어지는 소리들을
듣는다

싸르륵 싸르륵
씨앗으로 떨어지는 흘러간 시간들
까맣게 매달린 숫자들
순간순간 뱉어낸 깻잎의 낱말들
쌓여간다

그동안 땅 위에 기록했던 어둠들 막막함들
수수수께끼 같은 미래들도
뒤따라 수북수북
떨어진다

야, 오늘 다 털어버리자 쏟아버리자

탁 탁 탁
모였다 흩어지는 저녁 새들처럼
여름의 몸에서 들숨날숨으로 가벼워진
가을 열매들의 낙하

괜찮아 그만하면 됐어
이제 깨 볶을 일만 남았는데
그만, 저녁 먹자

미명(未明)

 밤이 죽어가고 있어요 미명이 오고 있어요 기도하기 좋은 시간, 어스름 달빛이 마지막 물동이를 찰랑찰랑 채우며 넘어가는, 그 그림자 밟고 젖은 풀밭을 걷는 시간, 타박타박 아무도 보이지 않고 아무 소리도 들리지 않는, 오직 얼굴 없는 어둠만이 불쑥불쑥 길 끝에 웅크리고 있다가 자지러지게 사라지는, 나는 저 어둠이 섬뜩해요, 더구나 난, 그 검은 외투의 펄럭임이 싫어요 무엇인가를 덮어씌울 것만 같은, 그 어둠이 죽어가는 새벽, 드디어 수런수런 벚나무들이 보이고, 닿을 듯 스치는 잎새 사이로 바람의 노래 소리가 들려요 아주 미세한 운율(韻)의 속삭임을 들으며 나는 마을 작은 교회당으로 걸어가지요 그곳은 나무 십자가만 걸려 있는 기도처, 그곳에서 나는 새벽을 맞이하지요 새벽은 향기롭고 부드러운 몸으로 내 옆에 앉아 있어요 누군가 제단에 바친 한 다발의 꽃향기 때문에, 어느 날은 향기에 취해 스르륵 잠이 들 때도 있어요 그래도 새벽은 날 기다리고 있지요 얼마나 끈질긴지 혼자 돌아간 적은 한 번도 없어요 그래요, 내 기도 소리를 다 듣고 있지요 중언부언하며 이리 갔다 저리 갔다, 기도 줄이 늘어져 있을 때도 고요히, 아마 쿡쿡 웃기도 할 거예요 가끔 나는 나도 모르는 기도를 드릴 때가 있으니까요 문장이 영 안 되는 거지요 그렇게 새벽은 나를 기다리고, 내가 신발을 신고 교회당 문을 나설 때도 잠잠히 나를 에워싸며 비가 오나 눈이 오나 신비의 너울로 따라오다가, 그런데 혹 아시나요 새벽이 부활하는 거, 날마다 부활하여 하늘 높이 떠오른다는 거, 금빛 찬란한 몸이 된다는 거

걱정하지 말아요 슬퍼하지 말아요, 이슬이 내리는, 기도를 들어주는, 한 편의 시(詩)로 변화하는, 미명이 있어요.

상사별곡

오늘 어디쯤 날아올랐나요
당신의 시선이 닿는 그곳
노란 별꽃들 보였을까요

당신이 나에게 오는 길은 오직 귓속 그네뿐
우린 그날 무지개 파도를 바라보고 있었지요
보이는 것은 아득히 노란 지평선, 아니
안개풀들이 물결치는 언덕 그 너머

그날
바람이 밀어주는 물결 위에서
나 혼자 노래를 불렀지요
내 입술과 당신 귀 사이 머물고 있는 고요를 타고
이 지상에는 없는 모음들
그래서 당신의 잠 속에서만 들릴 수 있는

그 노래는
사막에서 불어오는 바람 같은 문장을 물고

정처가 없는 서쪽으로 날아갔지요

바람만이 알아요
혼자 부르는 노래는 기도라는 걸
기다림이라는 걸
오늘이 가기 전
새 아침이 오기 전
거기 내 숨이 닿는, 오직 바람만이 알고 있는

상사별곡 2

지금처럼
그 나라에도 눈이 내리고 있을까요

한여름인데 소복소복 창 앞이 환했지요
한번 툭 치면
하르르 눈발이 날릴 거 같은

맑은 당신 눈을 생각했어요
서늘하고 그늘이 없는
적막이 깊은 거 같은데 들여다보면 투명하게
이슬이 도는
어떻게 이 세상을 살아냈을까
당신이 쓴 모자를 봐도 그랬지요

나는 아직 괜찮아요,
하나하나 잊힌 뒤에 다시
구름 같은 날개를 펴서
꽃피우고 돌아가는 쉬땅나무처럼

이 세상 모든 흰색에 대해, 그 흰색의 어둠에 대해
사라짐에 대해
살아있는 게 기적이라는 오늘

당신은 시간 밖, 너무 멀리 있습니다

물 항아리

가만히 물속을 들여다보면
그만 그 구름 속으로 홀연히 들어가고 싶었지

어쩌다 반쯤 비워진 날은
둥근 가슴 더 크고 아늑해
손으로 자꾸 허공을 만지며 잠자는 물의 몸을 깨웠지

바닥까지 바람 숨이 닿아야
서늘한 물맛이 돈다는
어머니가 애지중지 쓰시던 저 새벽 공양 항아리 받을 때까지
그 쓰임새 깜깜 모르던 일

어느 해 마실 물 대신
햇간장을 옮겨놓은 적 있었지
며칠 지나 열어보니
검붉은 흔적만 남기고 속이 텅 빈 항아리

후에 귀동냥으로 알게 되었네
물 항아리 샘물은 절대 새어 나가지 않는다는 법
대신 간물은 모두 몸 밖으로 흘려보낸다는
물 항아리의 이치

불순물을 조금도 받아들이지 못하는 몸
생의 수수한 한 말씀이 그곳에 있었네

헤매는 마음 섞일 때마다
내가 누구지? 가다듬는 한 모금의 실체
물의 몸이 나를 환히 들여다보고 있는

오동꽃

왜 아직까지 거기예요? 마음을 움직여봐요 마음을 놓지 말아요 밤이나 낮이나 연습을 하다 보면 넘어가게 되요 이별도 악보예요 보내는 슬픔 아직도 켜켜 살아있다면 한번 푹 빠져봐요 바닥까지, 바닥이란 경계는 애초에 없지만 그 한계는 몸이 만들어내는 거니까요 몸이 얼마나 정직하고 기억력이 좋은지 따라가다 보면 바닥에서 어느 날 가벼이 어딘가로 내 몸을 옮겨놓아요 애초의 자리는 사라지고 몸이 새처럼 날아오르지요 수척해서…… 뼈가 녹은 몸이 하얗게 비어져서…… 펼쳐지는 것이 아무것도 없을 정도로 아무것도 없는 집, 그게 몸이지요 그러면서 흘러가지요 다시 되돌아오는 것이 이리 허망하기도 하지만, 그래서 허밍이 필요해요 보랏빛 꽃이 피어나려면 그 나무들이 얼마나 허밍으로, 허밍하며 살아가는지, 가장 늦은 봄날이에요

겨울 모차르트

펄펄 첫눈 내리는 날 혼자 김장을 한다
얼얼하게 맨손으로 배추 속을 넣는 동안
FM라디오에서는 모차르트 사계가 흘러나온다
내가 보낸 봄, 여름이 흑백으로 흐르고

가을이 겨울로 넘어가는 동안 슬그머니
모차르트는 새우젓과 섞이고 마늘과 고춧가루에 스며
밤새 잘 절여진 배춧잎 속으로 숨어든다
이제 캄캄한 김치 통에서 모차르트는
내 손맛과 함께 매콤하게 숙성되어 가리라

음반 속에서만 살던 18세기 천재 연주가가
고향 빈의 초콜릿 속에서도 명성 높은 작곡가가
이젠 조선의 항아리 속에서
펄펄 흰 눈이 된 겨울 속살들과 섞여
유산균이 되어

모차르트, 초콜릿을 버릴 수 있나요?

코스모스 밭에서

목화구름이 하염없이 흐르다 사라진다
저 구름을 타고 누군가 내려올 것만 같다
한 사람이 아니고 얼마 후, 한 사람
그 뒤를 따라 천천히 또 한 사람, 다시 한 사람
가령 열두 사람쯤이라면 좋겠다

신들이 다
구름의 형상을 한 제각각의 모습으로
지상에서 하루를 머물다 간다면
트럼프도 만나고 김정은도 만나고
시리아 난민들도
아프리카 소말리아 어린이도 만나며
두루두루 바다의 신, 음악의 신, 계절의 신들이
스르륵 옷자락을 흩날리고
지나간다면

너울자락 스쳐가는 곳마다 코스모스 꽃잎이 흩날려
만나는 이마다

얼굴과 영혼들이 이슬처럼 빛난다면
그러다 전쟁과 재앙에서 벗어나는 사건
깜짝 놀랄 톱뉴스가 터져 나올 수 있다면

가을의 신들이
바람을 타고 오시는 날
그날이 바로 오늘이었으면 좋겠다

폭염이라는 이름

당신에게 쉬땅나무 한 그루 드릴게요

한여름에도 소복소복 흰 눈이 내리는
설경의 배후가 되는
여름 나무 한 그루 드릴게요

팔월의 열기 속
하늘까지 쩔쩔 끓고 있는 찜통 계절
다리를 다쳐 깁스를 하고 누워 있는 나에게
문득 핸드폰으로 보내온 꽃나무 선물
중복 지나 말복까지
새벽 찬 이슬 듬뿍 담아놓은
설빙나무 한 그루

살다 보면 진땀 흘리는 독한 운명
어찌 지나왔을까 싶지만
이렇게 지구엔 정결한 화신들이 있어
혈통이 있어

뜨거운 지옥의 한철도 보낼 수 있으려니

꽃나무 향기가 한 시절 뼛속
열꽃까지 녹여주다니
아참, 다행이다 천만다행이다

시원한 냉수 한 사발 들이켜고 바라보는
갸륵한 쉬땅나무 한 그루
천지간 불길을 하얗게 다스리고 있다

포옹

남편 입원실에서 지낸 지 두 달여
점점 야위어 가는 환자 수발을 들면서
아픈 이의 주사보다 약보다
더 간절한 건
바깥의 한 줌 햇살이었다

드디어 몸을 움직여 휠체어를 타던 날
비상구 계단 문을 열고
눈부신 빛살 아래 환자의 온몸을 내어놓았다

머리카락부터 발등까지
쨍쨍한 여름 볕에 그만 눈이 부심인가 새삼이었나
환자는 자꾸 눈가로 손을 가져갔다

아픈 이의 핼쑥한
목덜미로, 등짝 위로 한없이 따가운 햇살이
내려오고 있었다
하늘이 모든 중심을 우리에게만 쏟는 듯

뼛속까지 흠뻑

불가능에 떠 있던 내 몸도 속속들이 그
뜨거운 포옹 속으로 들어가고 있었다

용서라는 느낌을 받을 즈음 짧고 낮은 목소리가
흘러나왔다

아, 좋다!

그 가을

강가의 한 나무만을 바라보았지요
달빛 속으로 스쳐갔지만
한동안이라고 생각했지만
그 나무는 밤마다 내게 골몰하는 그림이었지요

성서의 로뎀나무 근처 같은
어둠을 따라 걷다 보면
강줄기는 어디서
한없이 깊어지다 다시 강물이 되어 흘러왔는지

그 나뭇잎으로 나는 강물 소리를 들었지요
나무의 눈물은 멀리서 서서히 오고 있었는데
상처가 깊어졌는데
나는 까맣게 모르고 있었지요
밤의 새들은 알고 있었을까요

어느 날 그 슬픔이 도착하기 위하여 비가 내리고
하늘이 무거워지고

내가 앉은 의자는 더 깊이 낮아졌지요

가을의 음악이 뼈를 타고 강물의 심장으로 들어왔을 즈음
이윽고 나무는 강물 속으로 서서히 사라지고

그동안, 한동안, 그 회색 그림이……

월이 언니

 팔십이 다 되어 마지막 하고 싶은 일이 꽃 키우는 일이라고, 그거라도 손일 해봐야 이 세상 소풍 왔다 가는 마음일 거 같다고, 서울 변두리 아파트 팔고 이사해 온, 고향이 평양인 월이 언니, 오늘 아침 접시꽃 피었다고 대문 앞에서 황급히 나를 부른다. 동네 길가에 멋없이 우둑우둑 서 있는 으승화, 뭐 그리 대단하겠냐마는 사실 이 언닌 지난봄부터 조그만 밭뙈기 몇 평이 꽃 범벅으로 난장이 되고 있다. 잡풀로밖에 안 보이는 민들레나 제비꽃은 물론 뫼꽃 덩굴까지 담 밑으로 색색 모종을 해놓더니, 어느새 꽃밭은 뜨거운 여름을 맞고 있다.

 그 꽃밭, 구구절절 사연도 많아 이 채송화는 내 엄마가 좋아하던 꽃이고, 각시패랭인 어릴 적 내 저고리 색깔이고, 쑥부쟁이는 고향 동산에서 불어오던 풀냄새라고, 결국 이야기 끝엔 언제나 눈물바람으로 이어지지만 추억의 아욱 꽃 쑥갓 꽃까지 애지중지 정성이 이만저만이 아니다. 오늘은 웬 고백인가 들어보니 언니의 첫 남자가 좋아하던 꽃이 바로 이 접시꽃이란다.

간간 언니가 들려주는 그 한 많은 보따리 속엔 자주 한 남자가 등장, 그 남자와 못 이룬 사랑, 지금까지 큰 응어리로 남아 있어, 꽃밭 가꾸는 큰 이유가 바로 검은빛 도는 빨강 접시꽃을 원 없이 키워보는 것이었다는 것, 에구 그 남자 지금도 그리 그립냐 하니 당연지사, 그 첫 꽃이 피기 시작하면 송이송이 꽃다발을 만들어 그분 기일에 묘소 앞에 바치고 싶다는 것, 이제 며칠 있으면 그동안 심고 가꾼 꽃다발을 들고 국군묘지로 만나러 가게 되니 어찌 설레지 않겠느냐며, 이 언니가 단호하게 부르짖는, 내 나이가 되면 내뱉지 못할 비밀도, 불미스런 행동도 아무런 흉이 되지 않는다는 진리를 내세우며, 당당히 허리 꼿꼿이 세우고,

가만 내 첫사랑 남잔, 어떤 꽃을 좋아했지?

부추론

텃밭에 소복이 자라난 부추를 자른다

잘려 나간 그 자리에 다시 또 돋는 새잎들
아니 줄기라고 말할까 꽃대라고 우길까
잠복기도 없이
온몸이 잎이면서 줄기이면서 하얀 꽃으로 피어나는
서로 정이 깊어지라는 울안의 정구지꽃

모두들 그렇게 믿으며 살고 싶었겠지
그러나 당신
변하지 않는 그 입맛에 나 몇 번이나 봄 여름 잘려 나갔었는지
얼마나 하얗게 흐느꼈는지

한 생애를 부추라고 부추기며 오래오래
늘 처음이길

누군가 오늘도 서슴없이 내 파릇한 감정을 자르고 있다

제4부

강원行

그리워해서는 안 되는 시간들을
어디쯤 스르륵 놓아주어야 하나
하염없이 길고 굽어진 길

한 겹의 생,
언제 이렇게 속도가 붙었을까

그러나 이 겨울 내가 할 수 있는 일은
어쩌다 느닷없는 밤안개 너를 데리고
떠나는 일

원주를 지나 치악 언저리를 돌아
판운리, 섶다리에 다다르는 일
그쯤이면 이 몹쓸 짐승 같은 허기
서강 긴 강물에 풀어놓을 수 있지 않을까

누구에게든
차마 버리지 못하는 계절이 있다

그곳을 누란(樓蘭)이라고 불렀다

초원을 나서니 안개 속이었다
한 걸음 디딜 때마다 한 채씩 지어지는 물의 집
어디선가 아스타 향기가 스며 들어왔다
짙은 보라의 냄새

천 년 전의 길로 들어서는 착각도 잠시
벗어나면 다시 겹겹으로
이 무응답의 장막은 어디쯤에서 걷혀질 것인가
갑자기 기침이 쏟아지기 시작했다

그동안 보이지 않는, 만져지지 않는 장면, 장면들을
왜 그토록 사랑했을까
바람 끝 냄새들을
왜 자꾸 따라가며 붙잡았을까

 벼랑인 줄 알면서 허공인 줄 알면서
 저 초원의 아스타도 결국 아스타의 몸을 벗어나지 못했을 텐데

풀숲에서 떨어져 나와
다시 사막을 향해 걸어가는 누란의 후예들
회복되지 않는 신의 계절

여자들이 낙타를 타고 지나가고 있었다
꿈결인 듯 꿈결인 듯……

밤의 해변에서

오늘밤 별들이 너무 많아서
그동안 나를 위해 걸었던 시간들 너무 짧고 거짓말 같아서
새삼 맨발의 두 발목 너무 아파서
저 별들이 꼭 흑암 뒤에서 흘리는 네 눈물방울 같아서

해변의 끝은 어디일까, 유성이 사라진 쪽
누군가 걸어오는데
그 그림자 천천히 파도의 너울 속으로 잠기는데
오, 그러나 그건 해변의 나무
커다란 나뭇잎이 일렁거리는 거
나무 아래서 적셔주던 처음 그때 입술처럼
나뭇잎마다 별들이 후르르 후르르 내려앉아

멀리서 오던 그림자 드디어 내 옆을 스쳐가네
모래로 떨어지는 뜨거운 숨소리

언젠가 내 안에서
스스로 넘치고

스스로 고요해지던 오랜 바다의 날들
어제처럼 오늘도 잠들지 못할 것이네

애초에 그러하듯 멀리서 바라보기만 하는
닿을 수 없는 수평선을 따라
그만 주저앉은 국경 밖, 밤의 해변에서.

달의 신전 2

달의 문장을 따라가며
너의 울음을 읽었다
남아 있는 문장 뒤에는 푸른빛 안개가 자욱했다

달맞이꽃들이 지나가고
끝이 보이지 않는 길들이 나타나고
아이를 낳지 못한 여인들이 걸어가고 있었다

어둠 속에서만 온전히 비처지는
달의 중심
달의 그림자 안으로 네가 사라지고

네가 다시 마음을 만나
다시 돌아오기를

생일

 이젠 정말 아무것도 생각이 안 나요 그냥 흘러온 것 같은데 어느 날 모두 낯선 얼굴들이에요, 모르지는 않은데 모르는 사이, 잊어버리지 않았는데 잃어버린, 놓아주지 않았는데 영 놓쳐버린, 다시 혼잣말을 또 할까요? 내 아이들이 나를 몰라봐요 나 알겠어요? 자꾸 물어보는데, 묻고 싶어요 당신은 나를 알아보느냐고, 아직도 나는 꽃나무 이름도 잘 기억하고 친구 이름도, 살던 동네도 다 외울 수 있는데 그것들이 다 틀렸다 하네요 바람이 불어와요 새들의 지저귐도 들려요 참 즐거운 순간이지요 내게서 나는 향기, 내가 품어요 얼마나 오래 기다려왔는지 꽃잎 하나가 또 떨어져요 어디로 가시나요? 끝도 없이 날아갈 거 같지만 알 수 없다고, 내 마음이 일러 주어요 처음보다 그래도 끝이 좋은 건 마음이 있기 때문이에요, 마음이 마음을 보듬어 주니 참 따뜻해요 그런 건 그냥 생기는 게 아니었으니까…… 봄날이 지나가요 촛불을 켜주세요 예전처럼 그대로, 언제나 있었던 곳에 있었던 것처럼, 황홀한 오늘

별빛 네일

비밀의 암호도 아니면서
후박나무 잎새 사이로 주술처럼 부르던
별 하나 나 하나
그때 만지던 무수한 부호들, 은하수 밤길들
언제 까맣게 삭제되었나

어쩌다 아파트 건물 사이로 바라본 밤하늘이
흐느끼듯 슬퍼서
두 손에 받은 어둠이 더 어두워져 가는 계절

그래서일까
세상의 쓸쓸한 여자들이
별을 찾아 나서기 시작했다
별 둘 나 둘, 별 셋……
비탈에 서 있는 통증 같은 거
허방 같은 거

오늘, 반달 손톱마다

반짝반짝 추억이 돋아나고
봉숭아 꽃물 들이는 백반의 효능을 기다리며
드디어 색색의 북두칠성
손끝에서 반짝이기 시작한다

혼자 읽는 창밖

나무들이 걸어 다니고 있었다
기웃이, 사이로
붉은 달의 얼굴이 지나가고
그는 이제 누구 곁에도 머물지 않는다

잎들의 시간이 다 지나고
홀가분하게 남아 있기까지
얼마나 오랜 기다림이었는지
나는 이제 생각만 하는 자유
아직은 설레는 시간이 그래도 남아 있어서
미래는 다 썼지만
좋아, 새들하고만 놀아야지

조금 전까지 당신의 배후는
바로 저 거짓말 같은 노을
격렬히 타오르다 금방 어두워지는 경험
이별처럼 아름다운 축복이 있을까

이제 별들의 정거장으로 가야지
내 마지막 상상은 은하철도 999를 타는 것
흰빛 겨울나무들이 걸어 다니고 있었다

갈꽃

오늘 어지러웠네
어제 마지막 쓴 문장들이 흔들흔들 바람에 휘날렸네
날개도 없이 날아가는 흰 꽃잎들, 건초 냄새들
서걱서걱 누가 나를 송두리째 베어버리나
허공에 빙빙 도는 내 눈썹, 같이 뽑혀 나간 머리칼들
영혼은 이렇게 어느 날 빙빙 돌며 별을 향해 날아가는
깃털이었나

하늘하늘 멀어져가는 물새 울음소리를 들으며
오늘, 가을 하늘은 높고 멀어서
가여운 이들이여
하마터면 걸어가던 다리 난간에서 떨어질 뻔하였네
희디흰 갈대 천변이었네
가벼이 가벼이 물살을 따라가다 보면 천축으로 가는 길
보일 것도 같은데

하염없이 흘려보내고도
한 생을 덮고도 다시 또 써야 할 기도로도 잠재우지 못한

저 마르고 마른 감정들
어디든 떠나야 할 한 잎 한 잎의 형체들이
이 가을, 흐드러지게 흐느끼고 타오르고
지금은 알 수 없는 곳, 물결로 떠나가네

에어컨처럼

난 얼음심장
누가 나를 저 북극으로 옮겨놓았을까
이 여름
불안도 정열도 미소도
하물며 이별까지도 깡그리 고체가 되는 감정

밤새 피어나는 냉기 속
가만히 눈동자를 들여다보면 그 안에
녹기를 간절히 기다리는
누군가의 얼굴, 선명한 추억들이
투명하게 보이는데

깨닫고 지워내도 다시 반복되는 사고들
냉동이 때로는 필요해

떠날 날을 예감하면서도
뜨겁게 거부하면서도
그래도 사랑은 계속되었다던가

우우우 그해 금송화들이 채 피지도 못하고
대문 앞에서 시들어갔지

살기 위해
이제 난 누구에게든 날아갈 수 있어
그래서 난 쉬지 않고 두근거리는 리듬이 있지
잠깐 스위치를 끄고 내 삶을 엿보는

여름 내 마침표를 누르지 못하는
도시의 에어컨들, 심장들.

비의 잔

온다는 기별도 없이 이 저녁
당신인가요?
머뭇머뭇 창 앞에서 나 한마디 했지요
농사지은 배추가 그만 병들었다고
올 김장은 어려울 거 같다고
그 말 겨우 한 거 같았는데

단풍나무 저리 붉은데 어두워 오니
더 빨갛게 빛나는데
그나마 청갓은 싱싱해서
갓김치만 무난할 거 같다고 김장타령 하려고 하는데
당신은 어느새 저만큼
우린 아무 관계가 아니라고*

가끔 속삭이듯 보내오던 문장들
언제 거두었는지,
저녁이 너무 빨리 와서
혼자 차린 밥상 괜스레 쓸쓸해

몸도 기우니 마음도 기울어
입맛은 더 어두워졌다고
며칠 전 내게 생뚱맞은 엄살만
가을볕에 부려놓고

안부도 없이, 가을비

---

*김상미 시집 『우린 아무 관계도 아니에요』에서 빌려옴.

비요일의 하루

같이 치악을 들어갔다 오자고 한 날
비가 내렸다
그러니까 비가 내려서 원주도 못 가고
못 갈 거니까
약속은 없는 거라고
노랑 솔새가 어디선가 빠르게 말한 것을 나는 종일
가만히 듣고 있었다
기울이며 어두워 올 때까지 듣고 또 들었다

무궁화호는 도착해야 할 신림역을 그냥 지나쳐 떠나갔다
비가 오고 있으므로
약속이 지켜지지 않았으므로

하얀 빨래가 마르듯 봄날의 저녁이 다 가고
여름이 다가와도
노랑 상모솔새가 솔가지에 숨어 울어도

갑자기 현관 번호를 잊듯

당신은 쉽게 떠오르지 않았고
나누던 호칭도 까맣게 생각나지 않았다

모든 맹서는 사막의 모래 속에 묻고 오는 것인지

흰 자작나무 사이로
내리지 못한 막차가 천천히 떠나가고 있었다

그 겨울

설인 하나 마당에 서 있습니다

온몸이 눈물인 사람
밤새 먼 길을 걸어 이곳까지 왔습니다

흰빛만의 유한함과 혈액
사박사박 무장무장
무애의 마음으로 다다른 곳

빛의 나라는 얼마나 환하던지
쓸고 닦던 어제의 형식들은 자취 없이 사라지고

율법 없이도 오늘
땅 위는 이렇게 천진난만한데

오랜만에 나타난 사람입니다
옷자락 없이 심장만으로
모든 소리를 경청하다

그저 잠잠히
때가 되면 스스로 하직하는 사람

비합법적으로 하늘에 저장된
오래오래 사랑했던
안녕, 안녕
당신이 없어서 이제 내일은 오지 않아요

오래된 산책

동네 산책길에서
외출 했다 돌아오는 남편을 만난다
갑작스러워
서먹한 웃음을 나누고 서로 가던 길을 간다

풀밭 옆은 여전히 어제처럼 개울물 흐르고
저녁놀은 변함없이 내일도 이런 풍경일 것이리니
요즘 우리 사이 고백해도 될까
한 집, 한 지붕 아래서 우리 몇 번이나 웃었을까

여름날 서쪽 붉은 배경으로
우연히 길에서 만난 한 남자
어쩌다 가끔 기억에서 실종되기도 하는
그래서 진정
"나는 너를 모른다"* 말하고 싶은

오래된 산책길은 비밀이 없다

---

*마태복음 7장.

해설

기도(企圖)하는 힘과 '이후'의 기도(祈禱)
―송영희 시의 지향과 관련하여

백인덕(시인)

1.

사실 몇 개를 유추하거나 단순히 연결해 보기만 해도, 갑자기 우리의 사고는 지레짐작 이상으로 깊거나 넓어진다. 오늘의 '나'는 별탈이 없다면 내일도 이 땅 위에서 (어제의 나를 오늘 내가 기억한다는 이유만으로) 이른바 '동일성'을 확인하면서 여전히 지구는 자전하고 태양을 중심으로 열심히 같은 궤도를 돈다고 믿을 것이다. 하지만 이런 믿음은 사고를 진공 속에 가둬 단단히 얼렸을 때나 쓸모 있는 경직성의 대표적 사례일 뿐이다. 지구든, 태양이든, 우리 은하든 그 무엇이든 불가역의 시간을 지나가고 있고, 이 우주는 끔찍하게 빠른 속도(가속 인플레이션)로 팽창하고 있으므로 우리는 찰나보다 짧은 순간도 한자리에 제 형태 그대로 머물 수 없다. 친밀하고 풍부한 기억의 대상물들 중에서 아마도 진자리에 다시 피는 같은 형태, 같은 향기, 같은 색깔의 꽃은 맹목적으로 이러한 사실을 숨기는 것 같지만, 사유가 아니라 감각적 직관을 통해 환기하고 있는지도 모르겠다.

> 그 꽃 진 뒤에도 나는, 알지 못했네
> 그게 빨강인 줄을
> 막다름인 줄을,
> 마음인 줄을 몰랐네
>
> 나는 고달픈 내 무릎만을 사랑했네
> 새벽의 내 기도만을 사랑했네
>
> 나무들이여
> 찰랑찰랑 푸른 잎을 달고 있는 나무들이여
> 그 잎 다 떨군 나무들이여
>
> 한 잎의 눈뜸을
> 한 잎의 뒤척임을
> 한 잎의 시들음을
> 한 잎의 하늘을 다 품었던 나무들이여

나는 끝없이 미래만을 사랑했네

시를 쓰면서도 나는
사랑의 마음을 모르고 있었네

단 한 줄의 마음이 어떻게 내게 왔는지
어디서 오래 머물다 어떻게 모래가 되어 흘러갔는지

오직 나는 내 가여운 손만을 사랑하고 있었네
손을 따라 움직이는 내 마음만을 사랑하고 있었네

당신의 두 손만 간절히 그리워하고 있었네

아직 당신을 사랑하지 못하네
하얗게 슬프네

―「꽃 진 뒤에도 나는」 전문

  송영희 시인의 지나치리만큼 담담한 '육성(肉聲)'은 그래서 오히려 더 많은 생각을 불러일으킨다. 막다름에 다다른 붉은 꽃의 마음은 누가 뭐래도 오늘의 현전이다. 바로 눈앞의 거리에서 '감응(感應)'을 요청하는 진실한 신호다. 그러나 시인은 "나는 고달픈 내 무릎만을 사랑했네/새벽의 내 기도만을 사랑했네"라고 뒤늦은 고백을 한다. 무엇을 위해 결코 예측할 수도 없고, 결코 예측한 대로 되지도 않는 '미래'를 위해(미래란 그 자체로 불확정적일 때만 성립하는 것이므로) '무릎'의 겸손한 '기도'만을 사랑했는가. 이것은 방법의 실패가 아니라 방향의 오류를 스스로 드러낸다. 물론 그것은 한자리에서 부동의 자세로 과거와 미래를 다 포섭한 '나무'를 통해 성찰적으로 나타난다. "나는 끝없이 미래만을 사랑했네"라는 고백은 오늘 나태했거나 무신경했다는 것의 반어(反語)가 아니라, 여기—지금 잠깐 현현(顯現)하는 존재의 가치에 대한 기각, 또는 지연을 스스로 꾸짖는 것으로 보인다. 내일이나 모레, 더욱 더라는 단서는 끝없이 뒤로 밀리는 지연, 즉 단 한순간도 제대로 살아낼 수 없는 허망을 지시할 뿐, 기대나 바람을 약속하는 것이 아니다. 따라서 "시를 쓰면서도 나는/사랑의 마음을 모르고 있었네"라는 표현은 비로소 사랑의 즉시성, 바로 '여기—지금' 실현되어야만 온전한 가치가 드러나는 진정한 사랑에의 눈뜸을 함의한다. 그러므로 "아직 당신을 사랑하지 못하네/하얗게 슬프네"라는 탄식은 표면의 슬픔을 후경(後景)으로 밀치며, 시인이 지향하고 추구를 통해 생성하고자 하는 사랑과 바람의 어떤 질감을 고스란히 떠오르게 한다. '꽃 진 뒤에'서야 비로소 시작하는 어떤 '기도(祈禱)'의, '이후'를 사랑하고자 하는 결의의 어떤 '기도(企圖)'를 윤곽에서부터 스스로 드러나게 하는 것이다.

이번 시집을 공감하는 자세로 읽는다는 것은 결국 슬픔에 기초한 언어들의 음영(陰影)과 자취, 나아가 명멸(明滅)을 아파하는 것이겠지만, 뒤집어 생각하면 시인의 '기도'의 절실함을 통해 우리가 '이후'를 다시 생각할 수 있는 계기를 마련하는 것이기도 하다. 즉, 기쁜 슬픔이 되도록 만들어야 할 책무를 수락하는 것일 수도 있다.

2.

종교적 차원을 벗어나 언어의 층위에서 '기도한다는 것'은 무슨 의미일까? 특정한 장소나 방향, 예식에서 한 걸음 물러서서 바라본다면, 결국 기도는 언술의 한 형태고 그것도 시와 매우 닮은 방법과 지향을 갖고 있음을 알 수 있다. M. 피카르트는 말에서부터 말로만 옮아가는 말들의 향연과 전달되어야 할 실제를 그저 말로 빚고자 하는 세태를 비판하면서 "실제의 사실은 전혀 없으며 그것을 말로써 찾고 있을 뿐이다. 말이 실제의 사실을 사냥하고 있는 것이다. 그러나 진정한 시인은 실제의 사실을 가지고 있으며, 그 사실로부터 말을 찾아 나선다."고 했다. 즉, 진정한 시인은 자기 안에 넘치는 '그 무엇', 즉 정조(情操)를 이미 자각한 자라는 것이고, 자연스럽고 자유로운 유출(流出)로써 표현을 궁리한다는 것인데, 기도도 이와 같다. 행위는 터져 나올 말들을 가득 담은 용기(容器)와 같고 바람은 대부분 그 실제가 이미 드러난 것일 뿐 결코 불확실한 미래를 예측하거나 결정하려는 의도이어서는 안 된다.

송영희 시인의 기도, 그러니까 '이후'가 잠재성의 베일을 벗고 전면화되기 이전의 바람은 (약간의 비약이 허용된다면) 추상적으로 '자아 확립'을 겨냥했을지도 모른다. 가령, 「달의 신전」에서 드러나는 "빛의 뼛속 어디에 고여 있다 흘러 나왔는지/푸른색 길을 지우며 흘러가는 달의 행적/문득문득 따라가고 싶었지"라는 바람은 삶 또는 운명에 대한 "이승은 그런 곳/흔들리지 않고는 지탱할 수 없는 곳"이라는 인식이 선행되기에 가능한 것이고, 확산 적용되어 보편성을 획득하는 방향으로 나아간다. 이는 「꽃의 제단」을 통해서도 확인할 수 있는데, "약제로 가꾸는 작약 꽃밭을 돌며/흥건히 떨어진 붉은 꽃잎들을" 보면서 "세상은 오직 눈부신 오월인데/죽음으로 완성되는 길"을 생각하고 그 이유를 막론하고 "애절하지 않은 목숨 어딘들 없을까"라는 의문을 통해 운명에 깃든 비극성의 편재(遍在)를 보여준다.

네가 떠난 아침은 바람만 불었지 마을은 텅 비고 길 끝은 적막했지 배웅하고 돌아오며 누가 가꾸고 있었는지 아슬아슬 덩굴 풀들만 남아 있는 꽃밭을 만났지 온몸이 휘어지도록 바람 따라 꽃들이 흐느끼는데 그동안 우리 그리 안간힘이었을까 만지면 이상한 냄새가 나는 풀, 그래서 손끝에 닿자마자 이별을 생각하는 꽃 같았지, 열어 보면 쟁쟁 쟁 종소리라도 날 것 같은, 그 마디마디엔 노랑의 냄새가 숨어 있었지 창가에 길게 늘어뜨린 꽃길을 따라 그동안 스치듯 스며들었던 두 마음 사이를 걸었지 그렇구나, 이젠 정말 모르는 사이가 되어가는구나 마음이 몸에서 떠나가는, 너무 먼 곳…… 그동안 풀잎들은 얼마나 오래 흘러가는 구름들을 바라보았을까

여름 내 저 뭉게구름들은 내 안에 있었건만, 그 몸을 살다 간 황홀한 낱말들, 다정한 동사들, 밤이면 달빛으로 축축해지던, 그 시절 초원에서 우린 정말 풀이었을까
―「우리 풀이었을까」 전문

사실 세계는 자기중심주의의 교과서를 시선이 닿는 곳곳에 펼쳐놓았다. 풀은 일반적으로 개개의 특성보다는 한자리, 한때의 모습으로 그려지고, 마치 각각은 별다른 차이를 드러낼 수 없는 것으로 인식된다. 하지만 시인은 구름을 올려다보는 풀 한 포기를 호명한다. 그래서 "여름 내 저 뭉게구름들은 내 안에 있었건만"이라는 지극히 개성적인 목소리의 발화를 가능케 한다. 물론 이 발화가 대화로 연결되었는지에 대해서는 회의적일 수밖에 없다. "우린 정말 풀이었을까"라는 되물음은 조건의 수락과 한계를 동시에 드러내고 있기 때문이다.

어쩌면 시간의 퇴적이 주는 지혜의 핵심은 '나 또한 혹은 그것과 다르지 않은 운명'이라는 것을 흐릿한 원경(遠景)에서 뚜렷한 장면으로 확대해서 보여준다는 것 외에는 없을지도 모른다. 하지만 일상은 염려의 분위기를 조성하기만 할 뿐, 그것이 지금 당장, 또는 내일 이때쯤 실제화할 것이라고 확언하지는 않는다. 즉 염려와 불안은 과거에서 비롯해서 자꾸 과거를 기웃거리게 할 뿐, 생각이든 행동이든 내일을 연결하지는 않는다.

> 동네 산책길에서
> 외출 했다 돌아오는 남편을 만난다
> 갑작스러워
> 서먹한 웃음을 나누고 서로 가던 길을 간다
>
> 풀밭 옆은 여전히 어제처럼 개울물 흐르고
> 저녁놀은 변함없이 내일도 이런 풍경일 것이리니
> 요즘 우리 사이 고백해도 될까
> 한 집, 한 지붕 아래서 우리 몇 번이나 웃었을까
>
> 여름날 서쪽 붉은 배경으로
> 우연히 길에서 만난 한 남자
> 어쩌다 가끔 기억에서 실종되기도 하는

그래서 진정

"나는 너를 모른다" 말하고 싶은

오래된 산책길은 비밀이 없다
—「오래된 산책」 전문

앞의 작품은 표제의 '오래된'이라는 형용사가 주는 뉘앙스, 즉 '익숙함'인지 '옛날'인지, '지속'인지가 불분명한 데서 오는 심리적 혼란을 제외한다면 사실이거나 사건인 전언임이 명확하다. "동네 산책길에서/외출 했다 돌아오는 남편을 만난다/갑작스러워/서먹한 웃음을 나누고 서로 가던 길을 간다". 아니, 갔었다는 것이다. "갑작스러워"가 "한 집, 한 지붕 아래서 우리 몇 번이나 웃었을까"라는 의문을 끌어내는 것은 자연스러운 의식의 흐름이다. 그런데 시인은 더 나아가 ""나는 너를 모른다" 말하고 싶은" 충동까지 인다. 각주 표시된 '마태복음 7장'이 '갑작스러워' 일어난 생각의 면면한 이유를 그대로 지시할 수 있을지도 모른다.

어쨌든 시인은 그동안 일상을 구성하면서 동시에 그 의미와 가치인 것처럼 자신을 에워싸는 사물과 사건들을 향해 침묵을 깨뜨리는 방식으로 기도를, 침묵을 떠오르게 하는 다른 방식으로 시작을 되던졌던 것은 분명해 보인다. 가령, 해질녘 논둑길을 걷다가 "내 밥술에 얹히는 그 먼 길"을 생각하고

"고요해지기 위하여/내 이웃들의 하루하루가 눈물겹다"(「간절해지는 것들」)고 고백하는 것이나 「부추론」에서 "모두들 그렇게 믿으며 살고 싶었겠지" 하지만 "한 생애를 부추라고 부추기며 오래오래/늘 처음이길" 바라는 것이 결국은 "누군가 오늘도 서슴없이 내 파룻한 감정을 자르고 있다"는 전언이 이를 반증한다. 그러나 「그 여름」에서 "캄캄한 어둠,/아니 환한 대낮이었을까/백짓장같이 하얘진 그를 안고 얼떨결에 병실로 들어오자/창문도 없는 문이 어디선가 철거덕 닫히고/우리는 갇"히는 사건이 일상의 전복(顚覆)이 아니라 깊이를 표면 위로 떠오르게 한다.

주지의 사실이지만 계기란 늘 예상할 수 없는 순간에 엉뚱한 방향에서 날아든다. 이때 우리는 "김장배추 모종을, 일주일이나 넘기고 심"(「놓치다」)는 것부터 특별한 인식적 수고 없이 제때 처리했을 많은 사건과 감정을 (핑계가 없는 것은 아니지만) 놓치게 된다. 하지만 이 때를 놓침이 반드시 손실을 의미하는 것은 아니다. 왜냐하면 "후회스럽고 애가 타도/때를 놓친/그 한 끝 때문에, 천기 때문에/우주를 감싸고 있는/분홍빛 그 신방의 불이 켜지지 않는 것"을 실제적으로, 체감으로 느끼게 되기 때문이다.

> 오래 산다는 것은 처음을 간직하는 일
> 주렁주렁 초록 잎들이 땡볕에 매달려 탈색이 되고

어쩌다 윤기가 없어진다는 말

누구의 시선 밖에서 멀어진다는 말, 그 사이

아닐 거야 아닐 거야

진물 나도록 그 자리에서 목마름으로 타오르다

마음 들여다보는 일

씨앗의 심장 안에 작은 잎사귀들을 키우며

우리 얼마나 희망적이었나

슬픔은 아무리 기다려도 기다림이 사라지지 않는다는 것

습관처럼 오래오래 전생을 향해 서 있다는 것

아예 소금 기둥으로 남아 있다는 것

―「우리는 이후에 닿았다」 부분

  우리는 그 한 끝, '때'나 '천기'를 생성할 수 없다. 심지어 항시 되새기며 기억에 붙잡아두기조차 어렵다. 하지만 "오래 산다는 것은 처음을 간직하는 일"인 것처럼 자기의 생각과 행동을 조정하거나 수정할 수는 있다. 미래를 예측하는 가장 좋은 방법은 우리 행위를 바라는 대로 움직이는 것이다. 즉 지향에 맞는 행위만이 유일한 선택지인 셈이다. 시인은 이미 "슬픔은 아무리 기다려도 기다림이 사라지지 않는다는 것"임을 체험적으로 인식했으니, 이제 그 슬픔이 배인 기다림을 풍요롭게

하는 것이 그의 유일한 선택지라는 것 또한 알고 있을 것이다.

3.

존재론의 선상에서 '기도하지 않는 생'은 성립하지 않는다. 자기 인식이 단단해지는 것뿐만 아니라 확산하고 희박(稀薄)해지는 것조차도 다 기반암처럼 굳게 자기를 떠받치고 있는 인식이 동기화되면서 일어나는 현상일 뿐이다.

> 이별 후에 오는 것들이 이제는 쯤 쯤 쯤으로
> 녹아지는 때
> 겨울 저녁 집으로 돌아오는 길이
> 우산 속처럼 따뜻하다
> 누군가 켜놓은 불빛 때문에
> 인가의 불빛 때문에 나는 문을 열고 신발을 벗고
> 식탁에 앉을 수 있는 거
> 언제 나 그렇게 단단해졌나
> 혼자 밥을 먹고 혼자 길을 건너고
> 혼자 잠에 드는 일
> 그동안 쓰러질 그 한 곳을 찾지 못해
> 헤매던 세상을

이제는 버스를 기다리며

달려오는 불빛에 쓴다

목에 두른 털목도리를 여미며 쓴다

—「지나가고 있다고 쓴다」 부분

  시인은 철학자가 아니고, 철학자가 될 필요도 없기 때문에 자기 '기도'를 개념으로 구성할 이유는 없다. 시인의 언어가 사실을 찾아 헤매는 것이 아니라 사실로부터 스스로 어휘를 끌어오는 것이다. 송영희 시인은 '쯤'이란 정도 표시 접미사를 통해, '이후'에도 지속하는 존재의 슬픔과 기도의 지난(至難)을 드러낸다. "언제 나 그렇게 단단해졌나"라는 물음은 약간의 회의와 희망이 뒤섞인 중의적 표현이다. 이 물음이 단순히 정서적 공감이나 감응의 효과를 드러내는 글이었다면 나는 "내 한 몸이 게르였지/말씀 한 줄이 그리워서/그 앞에 무릎 꿇고 싶어서/새벽마다 희고 어두운 돌산을 올라갔었지"(「게르에 들다」)라는 이전과 이후의 변화가 감지되는 작품이거나 "이젠 사람이 없는 곳에서/있어도 냄새가 도저히 나지 않는 곳에서/저 어둠을 읽고 싶어, 쓰고 싶어"(「우리 살아있다면」)처럼 보다 감상적인 작품을 읽었을 것이다. 하지만 시인의 기도는 아직 현재진행형이기에 생생하고 팽팽하게 여기—지금을 쥐고 있다.

밤새 피어나는 냉기 속

가만히 눈동자를 들여다보면 그 안에

녹기를 간절히 기다리는

누군가의 얼굴, 선명한 추억들이

투명하게 보이는데

깨닫고 지워내도 다시 반복되는 사고들

냉동이 때로는 필요해

떠날 날을 예감하면서도

뜨겁게 거부하면서도

그래도 사랑은 계속되었다던가

우우우 그해 금송화들이 채 피지도 못하고

대문 앞에서 시들어갔지

살기 위해

이제 난 누구에게든 날아갈 수 있어

그래서 난 쉬지 않고 두근거리는 리듬이 있지

—「에어컨처럼」 부분

송영희 시인의 시가 "녹기를 간절히 기다리는/누군가의 얼굴, 선명한 추억"들을 차갑고 투명하게 되살리면서 열 없는 불꽃처럼 피어날지, 태우지 않는 고열로 휘발할지는 아예 상상하지 않기로 한다. 다만 시인이 "깨닫고 지워내도 다시 반복되는 사고"라는 표현을 통해 스스로 인정했듯, 조금은 지겹고 또 때로는 위태로운 기도(企圖)를 허물고 재구축할 수밖에 없음을 이해하려 한다. 송영희 시인은 허물고 다시 짓기의 사이에서 "오랜 슬픔에서 벗어난 사람이 좋아지는 저녁"(「오랜 슬픔에서 벗어난 사람이 좋아지는 저녁처럼」)이 찾아들기도 하고, "멀리서 이별이 번개처럼 달려와도/저편 세상인 듯 아물아물 어제가 잊혀가도"(「내가 머물고 싶은」) 하루쯤, "괜찮아 그만하면 됐어/이제 깨 볶을 일만 남았는데"(「그만, 저녁 먹자」) 하는 날을 맞이할 것임을 기대한다. 그의 기도는 이전에도, 이후에도 영원히 계속될 것이므로.

이 도서의 국립중앙도서관 출판시도서목록(CIP)은 서지정보유통지원시스템 홈페이지(http://seoji.nl.go.kr)와 국가자료공동목록시스템(http://www.nl.go.kr/kolisnet)에서 이용하실 수 있습니다.(CIP제어번호: CIP2019021049)

시인동네 시인선 109
우리는 점점 모르는 사이가 되어가고
ⓒ송영희

초판 1쇄 인쇄　2019년 6월 3일
초판 1쇄 발행　2019년 6월 10일
　　지은이　송영희
　　펴낸이　고영
　　책임편집　서윤후
　　디자인　헤이존
　　펴낸곳　문학의전당
　　출판등록　제2017-000002호
　　　　주소　서울시 마포구 마포대로 11길 91, 3층
　　　　전화　02-852-1977　팩스　02-852-1978
　　전자우편　sbpoem@naver.com

　　　　ISBN　979-11-5896-424-5　03810

*이 책의 판권은 지은이와 문학의전당에 있습니다.
*양측의 서면 동의 없는 무단 전재 및 복제를 금합니다.
*잘못 만들어진 책은 바꿔드립니다.

시인동네 시인선 109   송영희 시집

우리는 점점 모르는 사이가 되어가고

시인동네

우리는 점점 모르는 사이가 되어가고

송영희 시집